AF364278

DE ANDALUCÍA A LA HABANA

ExLibric

LISSETT SAAVEDRA
JUAN ANTONIO ALMANADO

DE ANDALUCÍA A LA HABANA

EXLIBRIC
ANTEQUERA 2021

LISSETT SAAVEDRA
JUAN ANTONIO ALMANADO

DE ANDALUCÍA A LA HABANA

Agradecimientos

Facebook les dio a estos dos autores la oportunidad de conocerse, llegando a entablar una bonita amistad literaria, y lo que parecía una quimera por la distancia que hay entre España y Cuba llegó a transformarse en una palpable realidad. Todo ello gracias a los grupos en los cuales convergen una gran diversidad de naciones y culturas, pero con la misma inquietud: la poesía. Es por ello que queremos dar las gracias a la casualidad del encuentro en las redes sociales, por haber contribuido al nacimiento de este entrañable poemario.

Quiero agradecer el esfuerzo de Juan Antonio para hacer cumplir mi más anhelado sueño, ya que por mí misma desde la Habana hubiese sido muy complicado publicar este libro. También a mis hijos y a mis amigos por su apoyo, alentándome siempre para que siga escribiendo. Y, por supuesto, a mi madre que, con su amor incondicional, día a día ha estado junto a mí dándome ánimos.

Lissett Saavedra

Por mi parte hago un agradecimiento especial a la mujer de mi vida, mi pareja y esposa, la que siempre espera paciente mientras escribo y la que se revela a veces por mis versos, que quizás reflejan sensaciones diferentes a las que realmente siento, pero ese es el eterno dilema del poeta: que puedan encasillarte por lo que expresas. A mi gran amiga Mariana, siempre dispuesta a comentar y reflexionar sobre cada uno de mis poemas. Y, cómo no, a Lissett, por aceptar participar en este proyecto tan bonito y enriquecedor para ambos.

Lorca ya lo decía cuando visitó la ciudad en marzo de 1930: «La Habana es una mezcla de Málaga y Cádiz, llena de un encanto absolutamente andaluz».

Juan Antonio Almanado

Prólogo

Desde siempre se ha dicho que hablar de Cádiz es hablar de La Habana. Al menos, eso dice la letra de uno de los más ilustres cantautores andaluces, Carlos Cano, en sus conocidas «habaneras»: *Las olas de la caleta, que es plata quieta / Rompían contra las rocas de aquel paseo / Que al bamboleo de aquellas bocas, allí le llaman «El Malecón» / Había coches de caballos, era por mayo / Sonaban por la Alameda, por Puerta Tierra / Y me traían / Ay, tierra mía, desde mi Cádiz el mismo son / El son de los puertos / Dulzor de guayaba / Calabaza huerto / Aún pregunto quién me lo cantaba.*

El motivo de aludir a estos versos no es otro que introducir el consabido parentesco que existe entre dos realidades muy cercanas, y que quedan perfectamente recogidas en el título de esta obra, como son Andalucía y La Habana. Ahí es donde radica el germen en torno al cual se ha escrito y publicado este libro de poemas, en la colaboración entre Lissett Saavedra, una poeta cubana, y Juan Antonio Almanado, un poeta andaluz. Y es que a pesar de la distancia que los separa, ambos han sabido darle talento poético y aliento lírico a una serie de textos en los que, con la particular distinción de cada uno, fluyen temas como la verdad, la belleza y el amor entendido en sus múltiples manifestaciones, convirtiéndose en un testimonio creativo y estético de lo que rodea al ser humano.

En otras palabras, *De Andalucía a La Habana* es, sin duda, un vertido de los sentimientos fraguados en el fuero interior de dos autores, en los que aspectos como el entusiasmo lírico y la connotación simbólica de la pasión que desatan las ansias infinitas constituyen la piedra angular de un estilo marcado claramente por la convicción de su vocación poética.

Carlos Torres
Director de Editorial ExLibric

MADRUGADA

Hoy le nacieron caricias a la madrugada.
Ojalá este amanecer el sol se duerma un poco más,
cerca de nuestra cama.

Lissett Saavedra

AMOR DE LUNA

Aquella noche fría de invierno
la clara luz de luna arrogante
colgaba de sus cuernos menguantes
esos luceros, compañeros eternos.

Luna apasionada,
contigo llegó la calma
y diste paz a mi alma
herida y malograda.

Mi más querida y casta compañera,
tus ojos no dejaron que me muriera.

Juan Antonio Almanado

LISSETT SAAVEDRA

Desde la Habana

JUAN ANTONIO ALMANADO

Desde Andalucía

I. La inmensidad de un día

Voy a mirar el mundo
con la frente hacia arriba,
sólo le pediré
que me salve la vida.

Me asomaré al barranco,
lanzaré mi pasado.
Luchar por ser feliz
no puede ser pecado.

Miraré las estrellas
sólo si brilla el sol;
borraré nubes negras
con luces de ilusión.

Cerca del precipicio,
a un paso de caer.
No queda otro camino,
debo retroceder.

Desplegaré mis alas
para emprender el vuelo.
Quiero sentir al viento
alejarme del suelo.

Y en una nueva vida
llena de fantasías,
miraré desde el cielo
la inmensidad de un día.

Lissett Saavedra

II. TERNURA

El deseo más ansiado
es el preludio de tu dulzura.
Lluvia de madrugada
mientras, detrás de la ventana,
repicas como campana
recostada en mi almohada
con el sueño,
siendo dueña
del amor exquisito
que despierta
mi más anhelado apetito.

Eres fuerza de la naturaleza,
voluntad, coraje, firmeza,
propósito de agradar.

Eres cálida madrugada,
la canción más deseada,
una mirada, un reencuentro,
una palabra, un perdón,
un te quiero, un beso,
una sonrisa, un adiós,
un abrazo desde el corazón.
Eres, sencillamente, amor.

La fuerza del cariño
empujada por la bondad
de tus sentimientos.

Dulce perfume
de fragancia que resume
el llanto de la alegría
al sentir tus latidos,
que luchan contra
fieros forajidos,
defendida por soldados
aliados de tu empatía.

Tu voz es el bálsamo
para el corazón,
es pura dulzura,
es pura emoción.

Juan Antonio Almanado

III. CUANDO OLVIDE TU NOMBRE

¿Qué será del amor
cuando el sol no se asome,
cuando muera la luna,
cuando olvide tu nombre?

¿Qué será de mis días?
¿Cómo serán mis noches?
¿A dónde irán los besos,
y mis manos, a dónde?

¿Qué será de mis sueños?
¿Renacerán? ¿A dónde?

¿Qué será de tu vida
cuando el sol no se asome?
¡Qué oscuridad!
¡Qué abismo!
¡Qué silencio!
¡Qué miedo!

¿A dónde irán los besos,
si alcanzarte no puedo?

Lissett Saavedra

IV. Prendido de tu amor

Déjame ser por un instante
el equilibrista en el cielo de tu firmamento.

Déjame ser por un momento
el trapecista de tu corazón
por los hilos de tus sentimientos.

Te daré calor en las manos,
fundiendo la nieve de tus inviernos.

Daré dulzor al café
en tus amargas mañanas
y cantaremos juntos al amor,
viendo pasar el tiempo
desde nuestra ventana.

Juan Antonio Almanado

V. El viaje

Porque te quiero y más,
te quiero demasiado,
te entregaré el amor
que llevo a mi costado.

Y libre la pasión,
sin rastros de cordura,
te quitará las ganas,
el dolor y las dudas.

Porque tus labios tibios
es lo que necesito,
te enseñaré el camino
que lleva al infinito.
Y tu almohada y mi ombligo
serán sitio perfecto,
para saciar de besos
los sentidos y el cuerpo.

Te guardaré un asiento
en el bus de mi vida.
Sin ti no habrá regreso,
ni luz en mi partida.

Y aspirando tu aliento
recorreré el camino,

empecemos el viaje
sin fecha ni destino.

Lissett Saavedra

VI. LA VIDA

Hoy te miro y te admiro.
Cuántos momentos vividos
en un suspiro.
Has sido mi amiga,
mi gran enemiga.
Los años contigo
no fueron perdidos,

Aquellas primaveras eternas,
que abrían paso al verano
con el infierno en las manos
y esos otoños a tu lado,
siempre tiernos,
escribiendo notas en el cuaderno,
dulces y amargas,
de noches largas
y efímeras mañanas,
viendo pasar el tiempo
desde la ventana,
asomado a tu juventud,
mientras el camino eterno
expiraba entre invierno e invierno.

Y sopla el viento
azotando las sienes
pobladas de nieve,

cansado por dentro
y feliz de estar aquí,
contigo, casi sin aliento.

Ahora que el tesoro furtivo,
cuidado y cautivo,
tornó envejecido
como oro perdido,
los propósitos perpetuos
eclipsan con su luz a las estrellas,
persiguiéndolos tras ellas
en busca de los sueños
de tu ansiada primavera,
y el verano inalcanzable
colándose deprisa
con el otoño de la mano,
empujado por ese oscuro y frío invierno
cada día más cercano.

Juan Antonio Almanado

VII. MI CAFÉ

Y te bebí de un golpe
junto a mis fantasías.
Como al café amargo
que hacía falta a mi vida.

De tu boca a mis besos,
de mi sed a tus días,
y fuimos más que amantes,
aunque no te tenía.

Fueron días perfectos
donde triunfó el amor.
Habitabas mi cuerpo,
eras mi inspiración.

De repente, a mi mundo
le faltó tu pasión.
Inexplicablemente fracasó la ilusión.

Y dibujé mil veces
tu mirada en la arena.
Junto al mar y los peces
fueron noches en vela.
Mas se enfrió tu cuerpo,

y el amor naufragó.
Te extrañamos un tiempo
el mar, mi café y yo.

Lisset Saavedra

VIII. Otro día sin ti

Otro día sin ti,
difícil ahora ser feliz.
Uno fuimos los dos,
uno y uno después del fin.

Detrás del amor
sentenciado a morir,
en esta cruel soledad,
en nuestra cruel realidad,
lanzándonos al precipicio
por un sendero desconocido
de cabeza y sin red,
el mundo se hunde a cada paso
aislados en nuestro fracaso.

Juan Antonio Almanado

IX. ¿Te enseño a volar juntos?

Me cubriré la cara
de nubes, muchas lunas,
bajo el sol y un sombrero,
saciaré mi locura.

He esperado paciente,
para no despertarte,
pero te haces presente
y hoy necesito amarte.

Un sombrero que ahogue
estas ansías que siento,
o que de una vez exploten
y te las lleve el viento.

Vuelen hasta tu cama.
Te acaricien el cuerpo.
Te estremezcan el alma.
Te dejen sin aliento.

Y en el momento exacto
que se detenga el tiempo,
beberé tu mirada,
la apresaré en recuerdos.

Y volveré a las nubes
relajada y sin miedos.
¿Te enseño a volar juntos?
¡Lancemos el sombrero!

Lissett Saavedra

X. OLVIDO

Quedaron atrás las caricias con palabras,
aquellos susurros
ahora vencidos en mis oídos.

Quedaron atrás las manos con el habla,
diciéndolo todo en tu silencio
y quebrado solo por el tacto de mis dedos.

Quedaron atrás los recuerdos contigo,
para pasar de querernos
a ser testigos de lo que fuimos.

Los besos apasionados,
ahora curtidos desde el olvido,
duermen en el lado oscuro del alma,
y duelen, huérfanos de tus labios,

prisioneros de nuestro cansancio,
cautivos por infieles enemigos:
el tiempo, la nostalgia, la rutina,
esos odiosos castigos.

Nuestros momentos inolvidables
vuelan como una bandada de pájaros
asustados por el trueno en la tormenta,
por el frío en la montaña.

Quedaron atrás tus pies abrazados con los míos,
tus besos dibujados sobre el lienzo
de nuestra historia.

Quedaron atrás las mañanas deseadas,
con el frío del rocío,
acurrucados al calor de un café,
mientras inmersos en el espejismo de lo eterno,
quemábamos el último aliento a fuego lento
y cegados en nuestro particular infierno
por esos felices momentos,
forjando minuto a minuto
el billete hacia el nunca jamás,
hacia el punto y final.

Quedaron atrás las palabras con miradas
en nuestro universo.
Quedaron atrás las tardes entrelazadas
entre sábanas de pasión engalanadas.
y los miedos en el pasado de no tenernos,
por los miedos en el futuro de no encontrarnos.

Juan Antonio Almanado

XI. La aguja en el pajar

Encontrar el amor,
buscar en los escombros,
revolcando silencios,
sequías, mil insomnios.

Encontrar lo imposible.
El conejo de Alicia.
Dibujar maravillas,
mirando tu sonrisa.

El pajar en la aguja.
Una playa en el Sáhara.
Un boleto a la luna.
Lotería soñada.

Encontrar esa perla
en el fondo del mar,
sin tener escafandra
y sin saber nadar.

Navidad en febrero.
Sin virus mi planeta.
Corazones sinceros.
¡Abordar un cometa!

Encontrar ese amor,
nuestra alma gemela.
Sin siquiera buscarlo,
cuando menos se espera.

Amor inalcanzable,
lejano, ¡qué castigo!
¿Te encontraré muy tarde?
¿Un día estarás conmigo?

¡Ay, amor, qué difícil!
¿Dónde te has escondido?
Tú, errante por el polo;
yo, muriendo de frío.

Lissett Saavedra

XII. MIEDO Y AMOR

Miedo y amor,
amar y temer.

Sentimientos enfrentados,
dos palabras contrapuestas
y de múltiples significados.

Reflejadas en la vida,
imposibles de hermanar,
por los siglos divididas,
imposibles de acercar.

Con miedo no hay amor
y por amor no hay miedo
que no consigas doblegar.

El amor, más fuerte que el miedo,
como agua y fuego.
El fuego destruye
y el agua desarma la llama
que quema las ramas.

Entonces ¿quién es más poderoso?
¿El fuego o quien lo logra sofocar?

Quizás un día el miedo te invada
y la fuerza del corazón lo arrastrará.

No hay miedo que pueda acabar
con la firmeza del querer
para volver a empezar.

Juan Antonio Almanado

XIII. Una cita con la luna

Si mi corazón supiera
que me leerías un día,
le escribiría a la luna,
dueña de tantas poesías.

Esa luna que ha inspirado
a tantos y tantos poetas,
corazones embrujados,
llantos y risas en letras.

¿Estará feliz la luna?
¿Cerrará por inventario?
¿Acaso será consciente
del peso que lleva a diario?

Tantas almas que la siguen
¡en la oscuridad del cielo!
Tantos amantes distantes
¡buscando en ella consuelo!

¡Ay, lunita de mi vida!,
quiero una cita contigo,
te prometo que seré breve,
solas tú y yo. Él no vino.

Si la luna no estuviera
para mí de vacaciones,
pondría mi alma en cada verso.
¡Te escribiría mil canciones!

Lissett Saavedra

XIV. Fin (primera parte)

Fin del camino.
Fin del amor.
Fin del dolor.
Fin del destino.

¿Detrás del fin?
Nada hay detrás del fin.
Fin es fin.
Si se termina.
Si se acaba,
detrás, no hay NADA,
nada de nada,
¿o quizás el alma?
¿o quizás la llama?
¿o quizás el mañana?
¿o quizás el principio del fin?
¿o quizás el inicio del principio?
¿o quizás el viento borre estos lamentos?
¿Quién sabe? Detrás del fin, ¿qué cabe?

Fin del trayecto.
Fin del proyecto.
Fin de lo nuestro.
Fin horrible y siniestro.
Punto y final de la historia,
fin sin escapatoria.

Detrás del fin no hay nada.
La luz se apaga al final del túnel,
¿o quizás se consume?
¿o quizás se destruye?
Lo tuyo, tu muro,
acabó con el futuro,
con lo nuestro,
con lo puesto.
No fue nada, fue grotesco.
Ahora, tristeza en esta maleza,
desdichada proeza.

La llama ilumina la claridad
que en la oscuridad se presume
desde el más allá,
y el brillo se resume
en nuestra imposible eternidad.

El principio de la amistad.
El final de la esperanza
de esta cruel adivinanza,
donde el amor se acaba
antes que la luz se apaga.

Tú y yo
fuimos amor,
fuimos sol,
fuimos ilusión
desde el corazón.

Ahora, somos FIN.
Somos ceniza en la hoguera,
somos arma que nos hiriera,
somos inicio, qué más quisiera.
Detrás del FIN,
NADA PUDIERA.
Tras de tu esfera,
todo CAYERA.

Juan Antonio Almanado

XV. Cuando digo te amo

El amor es así, el amor es de locos.
El amor no conoce cordura,
el amor se nutre de aventuras,
nunca hubo amor eterno, sin locura.

«Te amo» significa respetarte,
«te amo» es mucho más que besos darte.
Amar es dar el alma sin medida
y estar presente aún, sin que lo pidas.

Pedir un plato simple para dos,
beber del mismo vino tú y yo,
querernos en las dichas y las penas,
borrar con nuestros versos las fronteras,
imaginar futuros imposibles,
sentir que falta el aire en cada espera.

«Te amo» es mucho más
que querer verte.

Cuando digo «te amo»,
digo siempre.

Lissett Saavedra

XVI. Fin (segunda parte)

Cuando el fin es el fin,
tu mente se cierra
y la puerta queda a oscuras
entre las tinieblas,
sientes que el alma muere,
que todo hiere.
Nostalgia,
desdicha,
impotencia,
infelicidad,
fracaso,
sinónimos de nuestro ocaso.

Insufrible desesperanza
que rompió nuestra alianza.
Llanto, también canto.
Música de John Williams,
ese violín que resuena
inunda las entrañas de pena,
confundiendo la triste partitura
con mi última y trágica escritura,
para colarse por las venas,
en el final de Adán y Eva,
ya el paraíso, de amor, no se renueva.

Se acaba la paciencia
y provoca en la conciencia
dolor y evasión
por la indescifrable ecuación.

Cuando se ha intentado mil veces
y mil veces no sirvió.
Cuando la monotonía de muerte
lastima al corazón,
no hay ninguna objeción,
y arrastrada por la vida,
cansada y aburrida
en el desván del tiempo
y la aventura consumida,
la historia TERMINÓ.

Juan Antonio Almanado

XVII. Te invito a un café

Un lindo amanecer,
el humo del café,
los sueños a granel,
llegando hasta doler.

Qué hermosa sensación
desnudos tú y yo,
tan carentes de amor,
viviendo una ilusión.

En pausa la pasión,
la noche ya se fue.

Café,
amor,
resurrección.
Mi piel contra tu piel.

¿Me invitas a un café
que me alivie las ganas?
Rescataremos sueños
cada nueva mañana.

«Te invito a un café.
Ven, trae todos tus sueños
y platicaremos toda una vida».

Lissett Saavedra

XVIII. Desolado amor

Hace tiempo que no te veo
y mi soledad se hace cada día más insoportable,
la distancia obliga al olvido
a romper estas cuerdas inseparables.

Pero del amor siempre algo queda
y aunque se difumina
como la bruma de la mañana,
nada cura la herida.
Esta herida que no sangra,
pero duele tanto
que te rasga hasta el alma.

Juan Antonio Almanado

XIX. Sin alas y sin miedo

Voy a volar a ti
sin alas sobre el viento.
Me guiará a latidos
mi corazón violento.

Voy a cerrar los ojos,
recorreré tu cuerpo
y llenos de fortuna
haremos nuestro el cielo.

Voy a hacerte feliz
quiero llevarte lejos,
ya no vivo sin ti,
me faltas, aun si duermo.

Imaginé el amor
con ansias y desvelo,
larga conversación,
telepatía y miedos.

Llévame en viaje astral,
haz realidad mi sueño,
quiero resucitar bajo un sol
limpio y nuevo.

Por ti cruzaría el mar,
por ti renazco y muero,
por ti aprendí a volar
sin alas y sin miedo.

Lissett Saavedra

XX. Amor de amigo

Si yo no vengo.
Si yo me voy.
Si yo me olvido.
Si yo no estoy.
Si yo me he ido.

Ya no estarás.
Ya no vendrás.
Ya no tendrás
tu gran amigo.

Te quedarás.
Te volverás.
Te sentirás
sin un abrigo

Si tú no estás.
Si tú no vas.
Si no te veo.
Mi devoción.
Mi ilusión
sin tu cariño.
Yo me bloqueo.

Será un castigo.
Mi gran amor.

Mi gran pasión.
Mi gran amiga.

Tu corazón.
Tu resplandor.
Tu conexión.
Se quedará
siempre conmigo.

Juan Antonio Almanado

XXI. HURACÁN

Un rayito de luz.
Una verde esperanza.
Un te quiero al dormir.
Una llama que abraza.

¿Cómo encontraste en mí un atisbo de vida?
¿Cómo sin ser doctor llegas sanando heridas?
Traes resurrección, calidez y semillas.
¿Dónde fuiste a comprar sueños y maravillas?

En un mundo infernal donde escasea el viento
eres un huracán de hermosos sentimientos.

No dejes de brillar
y regar las semillas,
regresemos a Adán,
yo seré tu costilla.

Y renaciendo así,
inventemos un mundo
con mucho más amor.
¡Reiniciémoslo juntos!

Lissett Saavedra

XXII. Amor náufrago

Mañana ya no serás mía,
las olas arrastrarán nuestra pasión
hacia el fondo del olvido,
y ese amor prometido
dejará de ser eterno.

Te irás como el agua
que se escurre entre las manos;
me fundiré en el vacío,
pensando en esos momentos felices
vividos en nuestro idílico sueño,
que pasarán de tener sentido
a quedarse perdidos
en el océano oscuro de mi mente,
entre el hielo de tu última mirada
y las sábanas mojadas por el llanto
de nuestro inevitable naufragio.

Juan Antonio Almanado

XXIII. Demasiado hermoso

Fuimos…
La tormenta perfecta.
Un crucero en alta mar.
La manzana para Adán.
Una ola para surfear.

Fuimos…
La pluma de Benedetti.
Lo imposible de encontrar.
Tú, mi Romeo. Yo, Julieta.
El Himalaya y el mar.

Fuimos…
Nada menos.
Fuimos…
Eso y más.

Maravilla y cielo.
Demasiado hermoso,
no podía durar.

Lissett Saavedra

XXIV. Luna misteriosa

Luna impasible,
que divisas el mundo
desde cualquier lugar,
llévame a donde pueda ver sus ojos,
allí donde su sombra refleje tu luz,
déjame observarla en mi ventana
como la contemplas tú.

Luna inalcanzable,
luna colosal,
yo quiero mirarla
con tu cara blanca
mientras la ves pasar.

Olvidar mi envidia
cuando desnuda te mira
y prendida suspira,
evocando sus sueños
de niña curtida.

Luna misteriosa
que todo lo ves,
quiero ir de tu brazo,
lejos hacia su regazo
y perderme en su cama,
para embriagar mi alma

con el perfume del alba
mientras ella me ama.

Juan Antonio Almanado

XXV. Ella ya perdió el miedo

Ella amanece sola, vestida de versos.
Recorre las letras y busca entre líneas,
quizás algún rastro de un lejano amor.

A ella ya la traicionaron el destino y el tiempo,
y de tantas posibles compañías,
al despertar prefirió el café.

Ella ya perdió el miedo a la soledad,
ya hizo de la cama su reino,
ya amaneció sin llorar.

¡Ella ya durmió entre fieras y salió ilesa!

Ahora sabe que es fuerte
y ama su realidad.

Ella ya no espera,
ya no sufre,
ya dejó de quejarse.

Ella ahora es libre
y si el amor se tarda,
se prepara otra taza,
lo busca en otro poema,

imagina el viento bajo sus alas,
sonríe, VUELA.

Lissett Saavedra

XXVI. TÚ

Eres el tesoro siempre soñado,
a veces olvido que fuiste mía
y ahora te extraña mi vida.
Mi corazón prisionero de tus besos
vaga perdido en la isla de las fantasías.

Los pensamientos vuelan cada día
hacia esos minutos que me acercan a ti.
Te veo pasar desde la silla del bar,
y te miro,
y suspiro,
y me dejo llevar por el último sorbo de café,
ahora más amargo en mi soledad.
Cierro los ojos en busca
de esos besos perdidos
que ya nunca volverán.

El viento sopla a mi espalda
y despliego las velas de la ilusión.
La huella imborrable
que dejaste en mi piel
sigue sin desaparecer.
Sé que navegas por otros mares,
pero no puedo olvidar el aura
que embarga la belleza de tu alma.
Tu aroma.

Tu sencillez.
Tu sonrisa cálida.
Tu mirada calma.
Tu testarudez.

Juan Antonio Almanado

XXVII. Un pastel para ti

Voy a pintar el amor
del color de mi esperanza,
voy a escribir un poema
con merengue y añoranza.

Decoraré con canciones
corazones y grajeas,
inventaré mil sabores
para que un día me veas.

De chocolate y almendras
será la luna de miel,
te entregaré mis caricias
en confites de papel.

Te voy a hacer un pastel
con ingredientes secretos:
cariño,
amor,
comprensión,
paz,
pasión
y mucho respeto.

De mariposas y flores
se fundirán los colores,

serán tu boca y la mía
puerto de muchos sabores.

Te regalaré un pastel
tan dulce y tan exquisito,
que sin probarlo sabrás
¡cómo es mi amor de infinito!

Lissett Saavedra

XXVIII. UN PASTEL PARA LOS DOS

Quiero ver ese amor
vestido de esperanza,
para leer tus versos
más dulces a mi regreso.
Te prestaré canciones
decoradas con mis razones,
daré sabor a tu piel
para probarla después.

Dibujaré tu sonrisa
en el lienzo de mi mirada
y acabaremos juntos,
de día hasta la madrugada.

Beberé de tu elixir,
ese que sabe
a ron y miel,
y guardaré el papel
con los poemas
que me ofreciste
bajo el mantel.

Te regalaré un corazón
hecho de pasas y turrón

para que nunca abandones
a este gran y querido amor.

Juan Antonio Almanado

XXIX. Amar es no hacer el amor

Amar es no hacer el amor.

Es elegir dormir al lado de alguien
por el simple gusto de su compañía,
porque te gusta escuchar
el sonido acompasado de su respiración
cuando duerme,
porque no puedes estar sin su olor,
sin el calor de su cuerpo;
porque te apasiona su rostro cada mañana
(incluso si no es el más bello del mundo).
Y es con quien el café te sabe más dulce,
aunque le falte azúcar.
Y adoras sus ronquidos de madrugada,
aun cuando no te dejan dormir.
y basta un te quiero,
y la mano en la cintura para espantar el insomnio.
No importa si la cama está hecha de hierbas
y tienes por techo el cielo.

¡Siempre habrá luz en las estrellas!

Y sigues eligiendo a esa persona
cuando su cuerpo tiembla de fiebre (no de pasión),

y la abrazas y la cuidas sin morbo,
y le demuestras que la amas no haciendo el amor.
El tiempo que sea necesario,
porque amar es eso, es cuidar,
es saber esperar,
es disfrutar estar con alguien en cualquier circunstancia,
es no hacer el amor.
Es que el amor nos haga.

Lissett Saavedra

XXX. EL SUEÑO DE UN POETA

Será la boda más hermosa
que nunca existió.
Te daré alas
forradas de papel,
impregnadas en letras
del color de tu piel.

Marcharemos juntos
a un mundo de ilusión,
donde no exista la distancia
ni tan siquiera el dolor.

Dos anillos como portada
de ese libro que nació
cuando no fuimos nada,
ahora somos tú y yo.

Dos plumas que vuelan
con las manos atadas.

Dos mentes que juegan,
a veces forzadas,
para escribir mil cosas
que nunca imaginaron
y cruzarán los mares
en el espacio vacío

de esos lindos cristales
que son el tuyo y el mío.

Juan Antonio Almanado

XXXI. Invéntame

Invéntame, cariño, esta noche a tu lado,
y disfrutemos juntos lejos de algún pasado.

Correré las cortinas de nuestra habitación,
para sentir la lluvia y ver salir el sol.
Invéntame, si puedes, dormida en tu regazo,
noches de luna llena, mi mundo allí tus brazos.
Serán cortos los días cuando triunfe el amor
y nuestra melodía invada al corazón.

Invéntate un futuro donde no falte yo.
Le compraremos alas a nuestra inspiración.
Y será poesía la vida para dos:
de tu risa a la mía,
de tu humor a mi olor.

Invéntame esta noche,
la tristeza murió.
Grita fuerte mi nombre,
el viento trae tu voz.

Venceremos distancias,
cabalgará el amor,
inventemos el alba.
Ven, que ya sale el sol.

Lissett Saavedra

XXXII. A VECES LA VIDA

A veces la vida
te ofrece solo pequeñas migajas
de alguien tan grande,
que es capaz de hacer olvidar tus peores pesadillas
y transformar tu mundo en nuevas e intensas ilusiones,
aunque te conformas
con esos pequeños bocados
que provocan el éxtasis y la felicidad,
sin importarte cuándo, cómo, ni por qué.

Juan Antonio Almanado

XXXIII. No pudimos salvarla

Me regaló la luna,
la tuve entre mis manos,
nos alumbró en invierno,
también muchos veranos.

Pasábamos las noches
contando las estrellas,
buscando los cometas,
mirándonos en ellas.

Pero la luna tiene
su vida limitada,
dejó de brillar fuerte,
sentí que agonizaba.

No pudimos salvarla.
Me dejó un gran vacío.
Me he quedado sin luna.
Ahora todo es tan frío.

Lissett Saavedra

XXXIV. DESAMOR

Mis manos acarician tu pelo,
tonto de mí,
que aún suspiro por ti,
añorando el elixir.
y tu olor a caramelo.

Eres como el huracán
que cimbrea mis cimientos,
como esa emoción más fuerte
que los propios sentimientos.

Ya no dudo de ti,
desistí de todo lo que fui,
dejaré de ser tu peregrino
de la mano de mis nuevos sueños,
esos de los que sin ti
siempre seré dueño.

Tonto de mí,
que aún suspiro por ti,
añorando el elixir.
y tu olor a caramelo.

Juan Antonio Almanado

XXXV. QUIERO UN AMOR DE ESOS

Un amor entre versos,
un amor de poetas,
de esos que te acarician
cuando tocas sus letras.

Un amor de estos tiempos,
pero que me estremezca
por su manera franca
de decir lo que piensa.

Un cariño sincero
que no conozca el plagio.
Un beso verdadero,
ausencia de otros labios.

Quiero un amor de esos
que van sin equipaje,
que sin temor me abrace
y haga suyo mi viaje.

Un amor de poetas
amantes de la luna,
con los pies en la tierra
y el corazón en fuga.

Para encerrarlo cerca
de algún sueño perdido.
Quiero un amor que inspire
todo lo prohibido.
Que de locuras viva
sin respetar horarios.
Que tenga cada lunes
catorce de febrero
y que regale flores
cada suspiro nuevo.

¡Para comprarle sueños
y hacerlos tan reales
que brotarán torrentes
de hermosos manantiales!

Un amor de estos tiempos,
pero con altos vuelos.
Un amor de poeta,
eso es lo que quiero.

Lissett Saavedra

XXXVI. Dos mundos

Entre dos mundos
se encuentra el amor:
uno en la distancia,
el otro en el olvido.

Uno en la esperanza,
el otro en cenizas,
como el amor extinguido.

Uno frente a la orilla del destino,
el otro cercano al puerto
donde yo camino.

¿Por qué ese loco galopar de mi sangre
no puedo calmar con el olor de su carne?

¿Por qué cuesta tanto mitigar
con su calor y su alegría
las ansias y el hambre de este sentimiento
inconmensurable?

Triste vagabundo
que busca en el desierto
de sus noches inciertas
entre la oscuridad del cielo
un corazón amante,

para contemplar el atardecer
fundiéndose con el alba.

Juan Antonio Almanado

XXXVII. OLVIDO

«¿A qué le tienes miedo?»,
me preguntó el destino.
Le respondí sonriendo:
«Yo le temo al olvido».

A no dejar en nadie
ni un ínfimo recuerdo,
a ser menos que el aire
y a morir ya muy viejos.

A pasar por la vida
sin dejar ni una huella,
a ignorar la mentira,
y a no mirar estrellas.

¿A qué le tengo miedo
más que a todo en el mundo?

A no tener conmigo
mis cariños profundos.

A no ver a mi madre,
a quedar sin amigos
y a continuar mi vida,
resignada a tu olvido.

¿A qué le tengo miedo?
Yo le temo al olvido.

Lissett Saavedra

XXXVIII. ¿Y SI FUERA?

¿Y si fuera el rocío
que muriéndose de frío
se acurruca en mis mañanas
al calor de mi almohada?

¿Y si fuera el canto del gallo
que me despierta de madrugada
para acariciarme el alma
al son de nuestra balada?

¿Y si fuera el viento
que sopla en la cara
como brisa que besa mis labios
esbozando una sonrisa?

¿Y si fuera un pájaro
que cuida de su nido
y me arropa con sus alas
como a un niño perdido?

Juan Antonio Almanado

XXXIX. Cuando el amor no alcanza

El reloj se ha parado,
los minutos no pasan.
La vida se detiene
cuando el amor no alcanza.

El aire es sucio y hiere,
cuando el amor no alcanza.

Llega el otoño al alma
y muere la esperanza.
Se suicidan las ganas,
se hace la noche larga.

Es inútil la vida
cuando el amor no alcanza.

¡Qué horrible cobardía!
Llueve dentro,
algo estalla…
Sin ti, ya no tendrían
sentido mis mañanas.

Absurda lejanía
que ha apagado la llama.

Tristeza y apatía,
desechos de añoranzas.

No te arriesgas,
no luchas,
no fracasas,
no triunfas.

Te conformas y mueres,
se suicidan las ansias.

Y todo se hace roca.
Y las olas se marchan.
No brillan las estrellas
y el sol no te acompaña.

Es inútil la vida
cuando el amor no alcanza.

Lissett Saavedra

XL. SOLO TENGO OJOS PARA TI

Hoy solo tengo ojos para ti,
con mis manos puedo verte
mientras acaricio tu piel
en esta noche sin luna,
dibujando con mis dedos tu cintura.

Hoy solo tengo ojos para ti,
con la mirada puedo rozar tu alma
mientras te fundes en mis entrañas,
en esta calma extraña
que provoca la lujuria de tu sonrisa.

Todo se vuelve del revés
si estás conmigo.
La brújula de la razón
vuela entre las estrellas
marcando el rumbo
al compás de tu respiración,
y me vuelvo loco
entre las nubes blancas
si con mis labios yo te toco.

Juan Antonio Almanado

XLI. EL COLOR DE UNA MAÑANA

¿Sabrá Dios lo inevitable
del poder de una manzana?
¿Podrá un ciego imaginarse
el color de una mañana?
¿Qué podrá saber un niño
de sufrimientos y metas?
¿Podría alguien conocer,
sin volar, otro planeta?

¿Podría Lennon sin su musa?
¿Podría Alex, sin guitarra,
componer tan bellas letras?

¿Qué podrá saber un mudo
de un susurro enamorado?
¿Podrá imaginarse un sordo
un gemido en el oído?
¿Cómo puedo estar amando
a quien no ha estado conmigo?

¿Qué podría saber mi cuerpo?
¿Qué podrían saber tus manos?

¿Qué podría saber de magia?
Quién no ha estado enamorado.

Lissett Saavedra

XLII. AL OTRO LADO DEL COSMOS

No hay distancia insalvable
entre Júpiter y Saturno,
pero sí miedos insoportables
a que nuestros cuerpos se conviertan en olvido,
a que se unan en un imposible abrazo,
y como la caracola sumergida en el mar,
naufrague entre sus olas
y se pierda entre la sal.

Miedo a la mañana
sin perfume en tus palabras,
al silencio cuando escribes
y a la oscuridad previa al alba.

Miedo a que el perfil de tu sonrisa
se pierda desde el infinito en el vacío
y yo, al otro lado del cosmos,
muriéndome de frío.

Juan Antonio Almanado

XLIII. SUEÑOS ROTOS

Quiero un poema feliz,
no de cortarse las venas.
Quiero cantarle al amor,
¡vamos a ahuyentar las penas!
Regálame una ilusión
envuelta en papel de traza,
haz feliz mi corazón,
¡que yo te traeré esperanzas!

Quiero que tú seas feliz,
desterremos las tristezas.
Mi mundo gira por ti,
ven y empecemos la fiesta!
Está listo ya el pastel,
pediremos tres deseos.
Los míos los sabes bien.
Y todos llevan «te quiero».

Quiero un poema con risas,
no más llantos en tu alma.
Vamos a estrenar caricias
de camino a nuestra casa.
Deja guardado el dolor
en algún rincón remoto.

Vamos a vivir el hoy,
deja atrás los sueños rotos.

Lissett Saavedra

XLIV. Amor para invidentes

Sin mirada busco el sol,
que me brinda su alianza con esmero.
Ayudado del perfume de tu pelo,
vislumbro los latidos de tu alma
y recorres con los dedos mi sendero
como plumas que acarician las entrañas.

Así, cuando respiro,
necesito el aire de tus suspiros,
para llevarte conmigo
como si fueras mi abrigo.

Y si te persigo,
huérfano de soledad ya no sigo.
Desde la oscuridad
se retuercen los sueños
tras las sombras de la conciencia,
si no palpo tu presencia.

Puedo olerte
con mis multiplicados sentidos;
logro verte
con las manos siendo mis ojos,
pedirte un beso, luego regreso
entre tus senos y mis excesos.
Y si estás ausente, yo me enojo

por no hallarte en frente.
Necesito de tu mente
para ver los colores en mis adentros
como si fuera un descabellado antojo.

Soy el fuego sin sombra,
el viento del desaliento
y el momento de tus desaires.
La luz yace en mi interior,
proyecto la penumbra dando brillo a tu sol.
Y así, con los caprichos y las fantasías,
todo quedó en entredicho,
imaginando tu cara
sobre el resplandor del atardecer,
sin que el tiempo me bastara.

Juan Antonio Almanado

XLV. PERFECTO

Tú eres perfecto, mi amor,
desde el pelo hasta los huesos.
Sabes tocarme los sueños,
sorpresas a cada encuentro,
te inventas cada universo.
Tú eres perfecto, lo sé,
porque dejaste en silencio
aquel rincón del recuerdo
en que bien sabes que muero.

Y amaneces si despierto.
Y acompañas mis desvelos.
Y me duermes con un cuento
lleno de rosas y versos.

Tú eres perfecto, mi vida.
Has sanado mis infiernos.
Y donde antes hubo heridas,
ahora florecen los besos.
Y has clausurado las puertas
para que no entre el miedo.
Y me compraste unas alas
por si se me antoja el cielo.

Tú eres perfecto, mi amor,
porque junto a ti

mi cuerpo ya no necesita ropas,
lo has cubierto de te quieros.

Y entre risas y canciones
hemos descubierto versos.

Tú eres perfecto, y lo sabes,
llegas realizando sueños.

¡Por eso en ti vivo y vuelo!

Lissett Saavedra

XLVI. El amor en una ola

El amor es como una ola.
A veces, navega por su cresta más altiva
divisando los colores del arcoíris.

Otras, se hunde en su honda más profunda
sin ver más que la oscuridad del océano.

Y en ocasiones, surca perdido
buscando su rumbo a través de feroces temporales,
para después del duro camino,
al final del viaje,
morir en la arena de la playa
en el último suspiro de su ocaso.

O tal vez regresar en simbiosis
de nuevo al mar infinito,
para doblegar a la tempestad
y vagar por siempre juntos
hasta el horizonte de ese amor bendito.

Juan Antonio Almanado

XLVII. Te busqué

Te busqué en el armario,
en todos los desiertos,
debajo de la cama,
entre vivos y muertos.

Te busqué en las mañanas,
en las noches de insomnio,
en las calles pobladas
y en todos mis demonios.

Te busqué en el pasado,
en finales perfectos,
también viajé al futuro,
pero ya no era cierto.

Te he buscado en mil libros,
en todas las canciones,
en los versos más bellos,
te busqué en las pasiones.

Navegué siete mares,
escalé el Himalaya,
descendí por volcanes,
pero nunca te hallaba.

Se agotaron razones
para seguir buscando,
ya sé que en algún sitio
me estarás esperando.

Lissett Saavedra

XLVIII. El amor está en el aire

El amor está en el aire.
No sé su pelo,
no sé sus ojos,
ni su manera de ser.

El amor está en el aire.
Quizás mañana,
quizás en la cama,
en Júpiter o en Marte,
algún día aparecerá mi dama
y entonces la atraparé.

El amor está en el aire.
Siempre la he respirado,
en mis sueños se ha mostrado
mi almohada sabe cuántas veces
la he pensado,
la he llorado,
cuántas veces me dejo llevar
por su sombra,
por su aroma,
y lo busco en las calles,
y lo busco en el mar,
y sólo encuentro viento

y sólo encuentro sal,
pero sé que está esperándome.

El amor está en el aire
y para ese día,
tendrá sentido mi vida,
preparé mis naves,
cargadas de sentimientos,
preparé el escudo para que no duela,
si pierdo el aliento.

El amor está en el aire,
y yo lo encontraré.

Juan Antonio Almanado

XLIX. Tu primavera

Te haré mío en la espera.
Te quitaré la ropa en esta primavera,
y brillarán luceros llenos de dicha y pena.

¡Y te haré tan feliz,
que no sabrás si sueñas!

Y seré para ti como el sol a la tierra.
Y en mí echarás raíz,
ya no más ramas secas.

Y tus sueños serán solo de cosas bellas,
porque te haré sentir que fue corta la espera.
¡Amor del mes de abril, llegó tu primavera!

Lissett Saavedra

L. EL SUEÑO DE UNA VIDA

Es el sueño de una vida
navegar junto a esa estrella,
ella vela con su estela
en mis noches solitarias.

Es la vida de mis sueños
poder volar siempre a su vera.
Retar juntos al viento
para gozar de los inviernos
al calor de nuestro nido.

Surcar los siete mares
con fuegos artificiales.
Yo seré su capitán,
ella, mis cuatro puntos cardinales.

Zarparemos pronto a la mar,
sin agua, sólo en un charco.
Sus ojos serán mis faros
brillando como los rayos
que alumbrarán nuestro sendero
en la oscuridad del cielo.

Y el resplandor de la luna,
con sus eternos luceros,
darán luz y esperanza,

para cambiar los sueños rotos
por un sinfín de te quieros.

Juan Antonio Almanado

LI. ¿Y SI…?

¿Y si te doy un tour directo al paraíso?
¿Y si amanezco un día pegada a tu ombligo?
¿Y si con alas nuevas llegara a tu nido?
¿Y si te beso ahora?
¿Te quedarías conmigo?

¿Y si los sueños fueran pasaporte divino?
¿Y si el amor venciera al miedo, al olvido?
¿Y si rana yo fuera y tú mi príncipe grillo?
Si la magia existiera,
¿te quedarías conmigo.?

Lissett Saavedra

LII. PALABRAS AUSENTES

Palabras ausentes,
dudas que quedarán
en tu mente para siempre,
aquellas frases que esperaste
y nunca llegaron
quizás, por no herir,
por no hacerte sufrir.

Palabras ausentes
que penetran tu alma
con el aura de su silencio
como viento huracanado,
arrojadas desde la furia
con una lengua de fuego.

Palabras deseadas,
huérfanas de su boca,
que funden los días con las noches
convirtiéndolos en eternos.

Palabras aletargadas en la parada
de sus pensamientos,
que jamás recibiste
y dejaron tu ánimo en un duelo,
helando tu consuelo.

Juan Antonio Almanado

LIII. ÉL

Él escapa de mis sueños,
se hace de piel y carne,
con aromas de otra galaxia,
lejana pero real.

Él inunda mis oídos de besos y te quieros.
Trae la ilusión envuelta en un libro de poesías.
Me invita a creer en Cenicienta,
en príncipes encantados y en zapatos de cristal.

Me enseña a volar alto,
pone un pincel en mis manos
por si me apetece pintar.

¡Él es magia y libertad!

Él es razón y confianza,
él es paciencia y lealtad.
Él me da fuerza y valor,
si no me alcanza.

Él quitaría las nubes a mi paso
para que no tema en mi vuelo.
Él es así, ternura y fuego.

No sé qué haría
si lo perdiera en el camino.

Él no lo sabe,
pero es mi único destino.
Por él volvería a reescribir
mi vida entera.
Me iría de viaje,
sin retorno y sin fronteras.

Él es mi amor,
mi sol,
mi niño,
mi destino.

Lissett Saavedra

LIV. Ella

Es mi calma en la tempestad,
es brisa suave en el amanecer,
luz que ilumina la oscuridad,
sol y luna como ninguna.

Es quien me hace soñar
en las noches solitarias,
es felicidad en mi tristeza,
es fuego en mis entrañas,
sosiego en mi café.

Es el ángel de la guarda,
es algo tan grande
que no alcanzo a saber.

La ilusión de un nuevo día,
el huracán que provoca a mis sentidos,
es vértigo cuando la miro,
fuegos artificiales
si me pierdo en su ombligo.

Es la velada perfecta,
la espera deseada,
la canción siempre soñada,
la sinrazón de mis palabras.

Es pócima para la esperanza,
un te quiero,
una sonrisa ancha,
un triste adiós
cuando el tiempo se acaba.
Mi desaliento sin su mirada
y el más grande tesoro en mi almohada.

Por eso la quiero y desespero
si la pienso y no la tengo,
si la espero y no llega,
si respiro y no la llevo conmigo.

Juan Antonio Almanado

LV. MI HECHICERO

Mi amanecer eres tú.

Mi fe,
mi vida,
mi dicha.
Tú estás en cada caricia,
cada sueño, cada brisa.

Mi desayuno eres tú.

Mi sinfonía perfecta.
Eres tú quien me alimenta
cuando de tristezas muero.
Mi sol.
Mi luna.
Mi cielo.
La risa.
El mar.
Mi velero.
De mis nostalgias consuelo.
La isla donde naufragan
todos los miedos que siento.
Tú eres el tornado intenso
donde vuelan mis pasiones.
Mi atardecer estrellado.
Mi chocolate.

Mi helado.
Mi Santa Claus en diciembre.

Eres tú quien me defiende
cuando libro mis batallas.

Y entre el cielo y la montaña
escribiré en un lucero
que eres todo lo que quiero.
Mi amor.
Mi luz.
Mi hechicero.

Lissett Saavedra

LVI. Amor eterno

Amor viejo, que rompes en la orilla
de la playa de mis sentimientos.
Hoy has vuelto,
has vuelto para despertar
sobre la cresta de espuma blanca
en el balanceo de tus indomables olas.

Ya estoy acostumbrado
a tus devaneos en el tiempo,
deshojando los pétalos de nuestros corazones,
con el tictac de los recuerdos.
Hoy quizás sí, mañana tal vez no,
pero qué más da,
si aún estás a mi lado
para compartir el tiempo olvidado.

Tú y yo somos dos
cantando una canción desesperada
a nuestra relación desencantada
por nuestra marchita ilusión desconsolada.

Ruge el viento y escucho las olas
rompiendo sobre los guijarros de la mente,
pero a ti ni te escucho ni te veo.
Y yo, suspirando por sentirte más ardiente.

Amor cansado, mustio amor
y amor paciente,
ya no resucitas mi alma
como en los viejos tiempos
y en las noches de eternos desvelos,
y en tus devaneos y el tictac de los recuerdos.
Hoy quizás sí, mañana tal vez no.

Y así cantamos nuestra canción
sin pensar en los recuerdos,
ni en la pesadilla de nuestra vida
monótona, manida y afligida.

Juan Antonio Almanado

LVII. Náufragos de esperanza

Amor que naufragó
entre el miedo y las dudas,
no te me hagas eterno,
conserva tu fortuna.
De aquel bello recuerdo
que sació nuestras ansias,
amor que en otro tiempo
fuiste luz y confianza.

Quizás en otra vida
se borren los silencios,
y con otras palabras
se escriban estos versos.
Pero si en nuestra historia
naufragó la esperanza,
seremos solo amigos,
para salvar el alma.

Lissett Saavedra

LVIII. Una mirada al pasado

Los pensamientos difuminados,
los ojos turbios
por el corazón mojado en llanto,
y el cuerpo postrado en el lecho que un día
vio nuestras ansias arder,
hoy de hielo petrificado
con la mirada lejana y perpetua en la pared,
ciega, porque se resiste a ver.

El alma pasea por el pasado
buscándote en el presente
y solo encuentra en la memoria
la música de tu risa
ofrecida como consuelo.

Lágrimas que corren
atravesando el tiempo
en el vacío de ese enorme silencio
absorto en ti,
al imaginar tus labios,
que ya no serán míos,
que ya no podré besar.

Tus manos perdidas
un día fueron mi paz,

hoy el más codiciado deseo
en esta desesperante tortura.

Esa silla que llora tu ausencia
en la ventana desierta
no volverá a mostrarte
la belleza del amanecer
a través de su cristal,
frío reflejo sin tu sombra,
que ahora es mi peor verdad:
enfrentarme a la soledad.

Mi voz quebrada
al pronunciar tu nombre
suena lejana en los oídos
y se rompe
al ver que ya te has ido.

Juan Antonio Almanado

LIX. A Solas

Una noche cualquiera
de cualquier año
tu barca atracará en mi puerto,
cansada de desvelos
y de mares violentos.

Traerás la ropa mojada
y el corazón sediento de besos.
Te quitaré la ropa,
rodará por el suelo
y a solas esa noche
recogeremos sueños.

Lissett Saavedra

LX. AMANTES

Si duermo contigo,
respiro y suspiro
tocando tu ombligo,
volando te miro
con ojos de llanto
y luego te canto
piropo vencido
de aquello que admiro.

Tus curvas perturban
la mente encendida
después de observarte
la paz de mi vida,
lucero del alba,
la luna escondida
parece dormida
por más que la miras,
tu alma se olvida
sin una mentira
con lazos prendida.

Risueña en mi lecho,
jamás te desecho
y tras tu partida
mis manos tendidas
te agarran y tiran,

rasgándome el pecho
con uñas de gata
que arrastran y matan.

El dueño del vértigo,
el mismo del sueño,
¿por qué me abandonas
tranquilo en mi cama
tras la madrugada
con armas lejanas,
volviéndome loco
si yo no te toco?
En mis brazos cautiva
se alza la voz de mi alma
de noche, robando tu calma,
llevándote dentro,
buscando tu aliento,
turbada, cansada,
me miras y suspiras
como adolescente encantada
y bien amada.

Juan Antonio Almanado

LXI. El destino quiso

Debió ser la luna,
o quizás tus brazos,
o aquel viento frío,
quien guio mis pasos.
No tenía salida,
destino marcado,
solo Dios lo supo.
No existió pecado.
Fuimos uno solo
como mar y arena.

El destino quiso

Tú, FUEGO.
Yo, HOGUERA.

Lissett Saavedra

LXII. LA ÚLTIMA LÁGRIMA

Me llevo
su sonrisa,
sus besos,
tantas noches de amor.

Me llevo
la música de su voz,
nuestra canción preferida,
su mirada eterna,
su gran corazón.

Me llevo
sus sensaciones,
su alegría,
su esencia,
la inmensidad de su cielo,
la última lágrima
en mi pañuelo.

Me llevo
el alma con una herida,
su vida y la mía
envueltas en nuestro consuelo.

Me llevo un adiós,
un corazón roto,

nuestro fracaso
y una triste foto.

Me llevo
el último minuto de esperanza
Por todo lo que fue
y nunca podrá ser.

Pero no me llevaré
más dolor en mi equipaje.
La última lágrima ya cayó,
resurgiré como el ave fénix
desde los infiernos
y brindaré por un nuevo amor,
y por todo lo bueno
que aún queda por renacer.

Juan Antonio Almanado

LXIII. Infierno

Te acaricié la espalda
Te saboreé la boca.
Me subiste la falda.
(no era yo, ¡estaba loca!)
Me ericé hasta los huesos.
Luego caí al abismo.
Fuimos fuego e infierno.
Tú sentiste lo mismo.

Lissett Saavedra

LXIV. HE VUELTO

He vuelto para amarte
y susurrarte al oído
las veces que quise amarte,
pero no supe haberte querido.

Hoy he vuelto para amarte
y susurrarte al oído,
seré capaz de amarte
como siempre te has merecido.

Juan Antonio Almanado

LXV. ¿Cuántos?

Amor, ¿cuántos insomnios más hasta tu encuentro?
¿Cuántos inviernos para este corazón hambriento?
¿Cuánto soñarte y ver pasar el tiempo?
¿Cuántos amaneceres fríos sin tu arrullo?
¿Cuánta distancia?
¿Cuánto mar?
¿Cuánto desierto?

Lisset Saavedra

LXVI. NO TE RINDAS

El triunfo del amanecer
acaba con la oscuridad del cielo
y un nuevo día comienza,
avivando las ganas
que aletargadas en la noche
aguardan en tu ventana.

Ríos de tinta corren
tras las huellas de tu vida
y entre letra y letra
va navegando consumida.

Cierra tus ojos, brinda por ello,
que no te cieguen sus destellos,
aunque el amor permanezca escondido,
sigue en el aire esperando dormido.

Viaja hacia el rincón de tus deseos
y despierta en el horizonte,
allí donde tu corazón se pone cada día,
allí donde tu corazón aún sueña cada noche.

Fuiste un día orilla donde rompían sus besos.
Fuiste la calma en la tempestad de su universo.
Fuiste día en sus noches desagradables,
amante de tardes inolvidables

y ahora que la llama se extinguió
no dejes que te ciegue su dolor.

Cuando el amor se apaga,
debes saber apartarte
para dejar volar las cenizas,

porque volverán los versos
a despejar la lluvia tras el cristal,
y asomará de nuevo
el resplandor a tus labios
por el sol caliente del amor a su regreso.

Juan Antonio Almanado

LXVII. SIN AVISAR

Llegó así, sin avisar,
como la lluvia,
como llegan todas las cosas bellas de la vida.

Y se instaló a la izquierda de mi pecho,
sin pedir permiso.
No paga renta,
al parecer tiene planes
de quedarse un tiempo eterno.

Qué caprichoso
y descaradamente hermoso
es mi amor por ti.

Lissett Saavedra

LXVIII. A VECES

A veces, me sumerjo en tu silencio.
A veces, quedo ciego por la ausencia de tu mirada.
A veces, mudo en mi tristeza,
me convierto en fuego inerte de tu frente.

A veces, soy hielo desde mi roca
y agua turbia en tu río.
No supe velar tu boca,
ni luchar por no perderte.

A veces, soy tosco como un ladrillo.

A veces, me pierdo en mi ombligo,
y sumido en las musarañas de la rutina,
me cuelgo de las telarañas de mi vida
colmada de mil cosas superfluas, pero vacía,
sin poder alcanzar el techo de tu cielo
en la lluvia de estrellas
que besan por ti el firmamento.

Y yo sigo aquí, diluyéndome en este amargo café
con mi recién adquirida soledad,
consumiendo el último sorbo de nuestro amor,
sin respirar el humo
de la ansiada pipa de la paz.

A veces, juego a olvidar y no lo consigo,
aunque quiero, jamás te olvido
y, sin embargo, sigo y sigo perdido
entre tu pecho y mi ombligo.

Vuelvo a pensar en tu desidia,
cansado de esta distancia
que se multiplica en nuestro firmamento
y recordándote en mis largos días
de eternas noches, me alejo un poco más
del tacto de tus dedos, del aroma de tu piel
y del fuego ardiente de tu mirada.

Juan Antonio Almanado

LXIX. LLEGÓ MI PRIMAVERA

¿Cómo decirte, amor,
que ya no me haces falta,
que pasó la tormenta?

Que ya no lloro más,
cuando al llegar la noche
me invade la nostalgia.

Que no te busco en sitios,
poemas y canciones,
que volvió la esperanza.

¿Cómo decirte ahora
que te encuentro de nuevo
y tus ojos me llaman?

¿Cómo corresponderte
si al marcharte dejaste
tantas puertas cerradas?

Puede que no supieras
que a veces no es posible
desandar los caminos.

Quisiera que comprendieras
que nunca más podría
beber del mismo vino.

¡Amor, qué más quisiera
borrar todo el pasado,
que quede en el olvido!

Pero al dejarme sola,
llegó mi primavera.
Lo siento, me has perdido.

Lissett Saavedra

LXX. LA BELLEZA DE LA VIDA

La belleza de la vida
percibo cuando la miro,
esos ojos infinitos
con el rostro tan bonito
los guardo si me retiro.

Abrazando los recuerdos
de esos momentos vividos,
para tener su retrato
colgado de mi conciencia
por si alguna vez abandona
a los vientos su paciencia,
dejando a mi corazón
enredado a un garabato,
sin rumbo y sin pasión
tras el tiempo disfrutado
entre sutiles arrebatos.

Sus manos son dos palomas
que surcan el universo,
llenando de sensaciones
mis ansiadas tentaciones
en el laberinto del sexo.

Y con su dulce aroma
recoge alas al viento,

sabiéndose perseguida
por el deseo más ardiente
a caballo sin aliento
a pesar de que no lo cuente.

Reto al viento,
volando los sueños
hasta planear mis dedos
por el valle desierto
de la piel morena
de esa niña traicionera,
con los ojos más hermosos
que en mi vida conociera.

Juan Antonio Almanado

LXXI. Mi luna en tu ventana

Amanecer de luz,
desechar el pasado.
Ilusiones de amor,
despertar a tu lado.

Una luna rosada
con destellos azules.
Mi sonrisa en tu almohada,
tus ojos como nubes.

Amanecer de luz,
de fiesta la esperanza.
Siento un mundo mejor,
¡que mueran las distancias!

Mi planeta sanando,
corazones latiendo,
abrazos apretados,
mi universo a tu encuentro.

Mágico amanecer,
la rana ya es princesa.
Al fin halló a su príncipe,
triunfó la Cenicienta.

Se realizó mi sueño,
¡sí que existen hadas!
Final feliz del cuento,
mi luna en tu ventana.

Lissett Saavedra

LXXII. En un rincón de mi alma

Hay un rincón en mi corazón
donde te guardo.

Un espacio infinitivo
donde atesoro tu amor bendito.

Un lugar privilegiado
donde el tiempo paró su reloj
y los recuerdos se agolpan
entre una montaña de versos
y un jardín de historias locas.

Es un paraje único
repleto de tierra fértil.

Es el punto paralelo
de nuestros sueños y anhelos.

Un sitio para la alegría
donde no existe
la frustración ni el miedo.

Hay amores que tatúan
el corazón de por vida,

con un surco muy profundo
para el resto de los días.

Juan Antonio Almanado

Nunca olvides regar con atenciones al amor,
si no quieres que algún día se marchite.

En el amor nada es darlo todo,
cualquier esfuerzo por mantener la llama
puede parecer algo insignificante,
pero quizás sea el grano de arena
que se transforma en montaña,
la gota de agua que colma el vaso,
la sonrisa que da sentido,
para que nunca llegue al olvido

La flor añora la lluvia caer
cuando muere de sed;
si no la riegas
y siempre le niegas,
no volverá a nacer.

Juan Antonio Almanado

Índice

Sobre la autora

Lissett Saavedra (La Habana, 1971) ha vivido siempre en su ciudad natal, donde estudió la carrera de Química Industrial y se graduó en Tecnología en el año 1991, aunque no ejerce como tal, debido a la difícil situación en su país. Finalmente, recaló en otras de sus dos grandes pasiones: la peluquería y la repostería (su profesión actual).

Madre de dos hijos, y sostén de sus padres, encuentra en la poesía el equilibrio necesario entre la realidad (a veces, difícil de afrontar) y la fantasía. Entre sus gustos y preferencias, además de la lectura, están el cine, la naturaleza, la cocina y la fotografía. También le interesa sobre manera la pintura y se declara una apasionada de la música y el baile.

Sobre el autor

Juan Antonio López Fernández (Algeciras, 1963) pasó su infancia y adolescencia en la ciudad que le vio nacer. Después de contraer matrimonio, se hizo barreño (de Los Barrios, Cádiz) y vivió allí durante más de quince años, donde formó una familia con cuatro hijos. Más tarde recaló en Manilva, localidad en la que se estableció y lleva viviendo alrededor de catorce años.

En su juventud estudió Arte en la Escuela de Arte y Oficios de Algeciras. A los veintiséis años se matriculó en Derecho por la UNED, pero debido a su trabajo, y a que con esa edad ya era padre de dos hijos pequeños, tuvo que arrojar la toalla antes de terminar la carrera y desistir de su objetivo. Años más tarde realizó los estudios de Auxiliar de Veterinaria, tentado siempre por el gran amor que siente por los animales. Su corazón de artista lo ha perseguido desde temprana edad, cautivándole cualquier forma de arte. El retrato y la poesía son su fuerte, a pesar de que durante dos años se dedicó a la ebanistería, fabricando todo tipo de artículos de madera. A los cincuenta y seis años decidió dar el paso de convertirse en escritor y adoptar el seudónimo de Juan Antonio Almanado, fruto de un laborioso batiburrillo con las iniciales y el nombre de su esposa y de sus cuatro hijos.

A pesar de su corta vida como escritor, cuenta ya con varias obras publicadas de la mano de la editorial ExLibric. Tras su primer poemario, *Poesía para la humanidad,* lanzado al mercado en julio de 2020, vuelve a irrumpir con fuerza con dos libros casi simultáneos: la versión en inglés de este último y *El último suspiro del planeta.*

Recientemente ha terminado su última obra, *Aliados de la conciencia,* con la que está participando en el concurso de poesía Miguel Hernández. Por otro lado, su poema «Amor de luna» fue seleccionado entre otros autores, para la publicación del libro *Poetas Nocturnos,* sexta edición. Además, ha colaborado con la revista sobre poetas latinos de Uruguay, así como en un libro de poesía sobre animales con otros escritores en México.

Aunque sus inicios en la literatura están estrechamente ligados a la novela histórica, actualmente se encuentra en fase de terminar su primer libro con la Segunda Guerra Mundial como telón de fondo. Los acontecimientos derivados sobre la COVID-19 provocaron que el autor se planteara escribir poesía, atreviéndose así a incluir en este libro a todos los sectores involucrados en la pandemia.